रेशमी सिहरन

सुमिता गिरी

BlueRose ONE .com
Stories Matter
NewDelhi • London

BLUEROSE PUBLISHERS
India | U.K.

Copyright © Dr Sumita Giri 2024

All rights reserved by author. No part of this publication may be reproduced, stored in a retrieval system or transmitted in any form or by any means, electronic, mechanical, photocopying, recording or otherwise, without the prior permission of the author. Although every precaution has been taken to verify the accuracy of the information contained herein, the publisher assume no responsibility for any errors or omissions. No liability is assumed for damages that may result from the use of information contained within.

BlueRose Publishers takes no responsibility for any damages, losses, or liabilities that may arise from the use or misuse of the information, products, or services provided in this publication.

For permissions requests or inquiries regarding this publication, please contact:

BLUEROSE PUBLISHERS
www.BlueRoseONE.com
info@bluerosepublishers.com
+91 8882 898 898
+4407342408967

ISBN: 978-93-5819-534-7

Cover design: Tahira
Typesetting: Tanya Raj Upadhyay

First Edition: February 2024

समर्पण

यह क़िताब समर्पित है
मेरे अक्षय मनोभाव
और
निरंतर प्रेरणा स्रोतों के लिए

मेरे पिता श्री अरुण गिरी
मेरी माँ श्रीमती सुनीता
एवं
मनीष और मान्या

भूमिका

यहाँ कहानी–काव्यों–शायरी–नज़्मों के संचयन से मैं, सुमिता गिरी, दन्त चिकित्सा में स्नातकोत्तर, वरिष्ठ अध्यापिका, विभागाध्यक्ष एवं उप संकायाध्यक्ष उन रोजमर्रा के सिलवटी जज़्बातों के सफरनामे को किनारे समेटने का प्रयास करी हूँ, जिन्हें हम जी ज़रूर लेते हैं लेकिन थम कर महसूस कर पाने में असफल रहते हैं।

लिखायी की आदत अकस्मात ही शुरू हुई जब मैंने अपने सिकुड़े–सिमटे ख़्याल आहिस्ता–आहिस्ता शब्दों में पिरोने का आगाज़ किया। खुद के महसूस किए जीवन के क्षणों को कोरे पन्नों की नमी में हम सब भिगोने की चाहत रखते हैं। यह संकलन एक मार्मिक अभिव्यक्ति है जिसमें मैंने सवालिए निशान की परछाई में, विलुप्त अनगिनत जवाबों की शाखाओं में सवाल समक्ष रखे हैं।

अनगिनत रंगों में सँवारी हूँ
जीवन संशय के प्रसंगों को
जिसे हम सब महसूस कर गुज़रते हैं
व्यक्तावली कुछ अपनी छिड़की हूँ

चन्द काव्यों के रूप में
चन्द चौपालों में
चन्द शायरी नज़्मों की आज़माइश में
चन्द कहानी रूपी स्वच्छंद गद्यांशों में

दिली उम्मीद करती हूँ
पन्ना दर पन्ना
ज़िन्दगी के मौसमों की स्याही से
अपनी कलम की तरकश ज़ुबां से
रूबरू कराने में कामयाब रहूँ।।

इस संग्रह में आप खुद से किए गए वादों के अधूरेपन में मुकम्मल जहां तलाशेंगे। एक ऐसा पुल, जो निर्जीव नीरस संसार में यादों की दृष्टि से इनमें भी रंगीन प्रीत, आस और सूक्ष्म जीवन भर दे। इनमें लफ़्ज़ों की बुनी पोशीदा माला में रूहानी जुनून और अनुभव के छुपे धागों का "रेशमी सिहरन" सा खिलने का एहसास होगा आपको।

सुमिता गिरी

अनुक्रमणिका

1- तुम ही बताओ... तुम्हें क्या कहूँ 7
2- उँगलियाँ 10
3- महकती किताब हैं आप 12
4- तन्हाई 13
5- वो जब भी मिलते हैं 15
6- आपकी एक "हम्मम"... क्या कुछ नहीं कहती 17
7- ख़ामोश सी ख़ामोशी 20
8- किताबें बनी स्त्री रूपी करवटें 22
9- गुम सा वक़्त... गुमसुम क्यों करें 24
10- चाँदनी रात का चाँद 28
11- वो क्या है आप में! 30
12- नया साल... जज़्बों की लहर 32
13- मेरा आँगन 33
14- दर्द की दहलीज़ 35
15- ख़ामोशी अल्फ़ाज़ों की 37
16- वो पूछते हैं 41
17- रासिख़ मूरत 44
18- तकना 46
19- कभी नहीं... छोड़ोगी ना मुझे 51
20- सफ़ेद कमीज़ 54
21- अनुभव 56
22- अनोखी बंदिश 58
23- मुलाक़ात 60
24- रंगीन अब्र का फ़रेब 62
25- पैग़ाम 63
26- कुछ तो बन जाइए 64
27- याद : जन्मों की 67

1. तुम ही बताओ...
तुम्हें क्या कहूँ

तुम्हें
वस्ले[1] चेहरा कहूँ या
हमारे आँगन की कायनात कहूँ

तुम्हें
इस माथे की बिंदिया
की मुमताज़[2] कहूँ या
मेरी जिन्दगी के दायरों
का रूबाब[3] कहूँ

तुम ही बताओ
तुम्हें क्या कहूँ

तुम्हें
सहर की पहली "रेशमी"
बिखरती किरण कहूँ या
शब की पहली "सिहरती"
मुनव्वरी[4] चाँदनी कहूँ

तुम ही बताओ
किस मंज़र में ढालूँ तुम्हें

तुम्हें
इन झुकी भौंहों की
दस्तक में असरार⁵ कहूँ या
इन निगाहों में छुपाए
तसव्वुरी⁶ जुगनू कहूँ

तुम ही बताओ
तुम्हें क्या कहूँ

तुम्हें
शब–ओ–रोज़⁷ की शबनमी
शरर⁸ मुस्कुराहट कहूँ या
सिले होंठों से सजी
शगुफ्ताएं⁹ नूरी कहूँ

तुम ही बताओ
दिल की किस लौ में छानूँ तुम्हें

तुम्हें
खुली पलकों के आँचल का
खुमार[10] कहूँ या
हमारी जिन्दगी की सेज का
संवरा उंस[11] कहूँ

तुम ही बताओ
तुम्हें क्या कहूँ

तुम्हें
खुलूस–ए–इज़हार[12] की
मन्द तबस्सुम[13] कहूँ या
हमारी ज़िन्दगी की
हिकायते[14] ताबिर[15] कहूँ

तुम ही बताओ
पाकीज़ा[16] चेहरा या कुर्बते[17] ज़िन्दगी
क्या पुकारूँ तुम्हें।।

---

1. वस्ले – मिलन 2. मुमताज़ – प्रतिष्ठित 3. रुबाब – तेज 4. मुनव्वरी – जगमग 5. असरार – रहस्य 6. तसव्वुरी – ख़्याल 7. शब–ओ–रोज़ – रात–दिन समय 8. शरर – चिंगारी 9. शगुफ्ताएँ – खिला हुआ 10. खुमार – नशा 11. उंस – स्नेह 12. ख़लुस–ए–इज़हार – वफ़ादारी ज़ाहिर करना 13. तबस्सुम – मधुर मुस्कान 14. हिकायते – किस्सा 15. ताबीर – तात्पर्य 16. पाकीज़ा – पवित्र 17. कुर्बते – नज़दीकी

2. उँगलियाँ

बेबाक[1] बोलती सी
उँगलियाँ उनकी
आइने में दिखती
उँगलियाँ उनकी
हक़ीक़ी[2] में काबिले कद्र
उँगलियाँ उनकी

रोज़ाना लाखों नज़रों के नज़दीक़ गुज़रती
उँगलियाँ उनकी
रोज़ाना एक नज़र से फ़ासलों पर गुज़रती
उँगलियाँ उनकी

हर मुलाक़ात की आख़री "रेशमी" छुअन
उँगलियाँ उनकी
सौंधी सी तीरछन में वक़्त को थामती
उँगलियाँ उनकी

तीखे तशरीह³ अक्स छिड़क जाती
उँगलियाँ उनकी
गहरी रेशेदार लकीरों में सिमटी
उँगलियाँ उनकी

बेशुमार मुतासिर⁴ हुए होंगे
उस नायाब सी महक में रमी हुई
लिखती, चुप सी चहकती
उँगलियाँ उनकी

दायरों में झुकी अर्पित हो
मुझमें क्या कुछ नहीं छू जाती
"सिहरती" उँगलियाँ उनकी।।

---

1. बेबाक – निडर, वीर 2. हक़ीक़ी – वास्तविक, सच्चाई 3. तशरीह – खोलकर बयां करना 4. मुतासिर – प्रभावित होना

3. महकती किताब हैं आप

कौन हैं वो
जिनके होने का ख़्याल ही
गुदगुदा–खिलाए रखता है मुझे
शायद मेरी ज़िन्दगी की
महकती किताब हैं आप

कौन हैं वो
जिनके इन्तज़ार की आहट ही
ख़िंचाव भरे बन्धन से सिंचती हैं मुझे
शायद मेरी ज़िन्दगी की
महकती किताब हैं आप

कौन हैं वो
जिनकी "रेशमी सिहरन" सी छुअन ही
बेसब्र बेबसी में रसीली रखती हैं मुझे
शायद मेरी ज़िन्दगी की
महकती किताब हैं आप।।

4. तन्हाई

रोज़ाना एकांत तन्हाई में बैठी
अपनी खामोशियों की सिसकियाँ सुनती
अपनी दबी सुलगती आग को सहलाते
अपनी अशकों की राख से ढकती

रोज़ाना एकांत तन्हाई में बैठी
रास्तों की वीरान राह तकती
मंज़िल की विरह में तरसती
वास्तों की हैरान व्यथा सेकती
साहिल की गिरह में परस्ती[1]
ज़िन्दगी के साये से पूछती
उम्मीदों तुमने भी मज़ाक किया

रोज़ाना एकांत तन्हाई में बैठी
अपने उधड़े अरमानों को दफ़न करती
टूटी सी एक रूखी शाख़ बनी
अपने दरख़्त को निहारन देखा करती

रोज़ाना एकांत तन्हाई में बैठी
दिखते वक्त के आसरे से कहती
कहाँ क्यों कैसे गुमशुदा हो गए
सिरहाने यही एक आस पिरोए जी हूँ
दिखते वक्त से बेबस गुहार लगाती
इन लम्हों को मुकम्मल मेरा ही रहने दो
तुम जो बिछड़े, हम "रेशमी सिहरन" में चूर बिखरे।।

---

1. परस्ती – पूजा, आराधना

5. वो जब भी मिलते हैं

वो जब भी मिलते हैं
एक अनलिख़ी शायरी ही रह जाते हैं
अनलिखा खुद के लिए
मेरी कायनात उनका
हर अनलिखा अनकहा भी पढ़ लेती है

वो जब भी मिलते हैं
दर्द के बादल छाँट देते हैं
कह देते हैं सब बेबाक[1] खुल
आँखों में सवालिया आस लिए
क्या उनके दामन का आँगन लाँघ जाऊँगी

वो जब भी मिलते हैं
कैसे ना पहचानी मेरी गहराई
परछाईं ही बने सिमटे रहती है
ऐसी परछाई जो सिर्फ अपनी काया
की ही बनी रहती है
अदृश्य मौन साथ ही रहती है
अपनी काया के हर रुबाब[2] में
ढलने को आतुर रहती है
अपनी ही काया के
अन्तर्मन की गाँठों से बातें करती

वो जब भी मिलते हैं
मेरे दिल की ओर झुकते हैं
अपनी हर नन्हीं मशक्कत[3] से
कुछ आड़ी–तिरछी
कुछ सच्ची नटखटी
कैसे ना भीगूँ इन
ओस की "रेशमी सिहरती" बूँदों में।।

---

1. बेबाक – स्वतंत्र 2. रुबाब – मज़बूत बंधन
3. मशक्कत – मेहनत, श्रम

6. आपकी एक "हम्मम"... क्या कुछ नहीं कहती

आपका ही "रेशमी" कहा दोहराती हूँ
अपनी सोची मदमस्त गलियारों से

"मैं शायद कुछ अलग तुमसे
शब्दों में बँधे प्रीत अभिव्यक्ति[1] में"

अलबत्ता मैं विपरीत
व्यक्त करती ही रहना चाहती हूँ
अपने दिल की
सुनाती ही रहना चाहती हूँ
आपके कानों की राह में
बसी ही रहना चाहती हूँ

आप कहते नहीं कुछ ज़्यादा लेकिन
इसी में कशिश भरा ख़िंचाव
आपकी ओर
आपकी एक "हम्मम"
क्या कुछ नहीं कहती

आपकी उस एक "हम्मम" में गूँजती
आपकी अदृश्य प्रेम तरंगें
सुनायी देती हैं मुझे
आपकी अदृश्य प्रेम तरंगें
दिखायी देती हैं मुझे
आपकी अदृश्य प्रेम तरंगें
छुअन देती हैं मुझे

आपकी इन प्रेम तरंगों का
ख़ूबसूरत इन्द्रधनुषी स्वरूप
आपकी उस "सिहरती" एक "हम्मम" का
आच्छादित² चाँदनी परत ओढ़े
मेरे जीवन को सतरंगी बनाए रखता है

मेरा जीवन...
कभी आपकी सब कुछ कहती
"हम्मम" से... सतरंगी

मेरा जीवन...
कभी आपकी बेज़ुबान नम ...
देखभाल से... सतरंगी

मेरा जीवन...
कभी आपकी उदास रूठी
रूसवाई से... सतरंगी

मेरा जीवन...
कभी आपकी मंद महकती
मुस्कुराहट से... सतरंगी

मेरा जीवन...
कभी आपकी मीठी सी
ख़ामोश लहर से... सतरंगी

मेरा जीवन...
कभी आपकी आँखों की
पिघलती झिलमिलाहट से... सतरंगी

मेरा जीवन...
कभी आपकी गहरी
सींचती समझदारी से... सतरंगी

आपकी... सदैव आपकी
चहकती सी।।

---

1. अभिव्यक्ति – प्रकट करना 2. आच्छादित – छिपा हुआ, ढका हुआ

7. ख़ामोश सी ख़ामोशी

ख़ामोशी की बेचैन लहरें
सौ रंगों में पोशीदा[1]

ख़ामोश ओस से क़ायम
श्वेत अब्र की आग़ोश[2] में

मानो तो निशब्द आवाज़
जो लफ़्जों में रमती ही नहीं

मानो तो बिख़रे जज़्बात
जो मुँह खोलते ही नहीं

मानो तो पहल ही राह
जो ख़ौफ़ज़दा होती ही नहीं

मानो तो आइने में सूरत
जो कभी बिखरती ही नहीं

मानो तो जीत की तमन्ना
जो हार से गले लगती ही नहीं

मानो तो कुचली चाहत
जो उम्मीदें–जुस्तजू[3] से बिछड़ती ही नहीं

मानो तो दर्द रिसी दास्ताँ
जो जीने की ख़्वाहिश छोड़ती ही नहीं

"सिहरती" ख़ामोश सी "रेशमी" ख़ामोशी।

---

1. पोशीदा – छिपा हुआ, अदृश्य 2. आग़ोश – आलिंगन 3. जुस्तजू – तलाश, खोज

8. किताबें बनी स्त्री रूपी करवटें

हाल फ़िलहाल नए साल में
कुछ गिने–चुने सखा और सखियों
के लिए ही ज़वाबी किताबें
अंकित करने का वक्त
निकाला जा रहा है
जज़्बा बदलता सा नज़र आ रहा है

ख़ैर
किताबें कई "रेशमी" सवाल करती हैं
और नज़राने में
किताबें कई "सिहरते" जवाब ढूँढती हैं
जवाब जो उन्हें नज़र नहीं आए

किताबें खुद में समाए रखती हैं
अनदिखी नज़रें
जो सब पढ़ लेती हैं

किताबें जज़्बों में डुबोए रखती हैं
अपने हर लफ़्ज़ की शाखा को

किताबें वापस अपनी अकेली अलमारी
का रास्ता तय करना भी जानती हैं
शायद
किताबें अलमारी में सजी हुई
तन्हा एकाकी अपनाए
ख़ूबसूरत दिखती हैं

किताबें समझने की क्षमता सबमें नहीं होती
वैसे तो बाकायदा अच्छी दोस्त होती हैं
लेकिन इतनी आसानी से नहीं संभलती
वक़्त, सच्चाई, लगन, कुर्बत,
इन्हीं का साथ निभाती हैं।।

9. गुम सा वक़्त...
गुमसुम क्यों करें

वक़्त पर कुछ
वक़्त बीता कर लिखी

कभी अंकों में
नज़र आए ये वक़्त
कभी काँटों में
नज़र आए ये वक़्त
कभी गुम सा क्यों
नज़र आए ये वक़्त

कभी रंगीन गीला सा
नज़र आए ये वक़्त
कभी रेतीला सूखा सा
नज़र आए ये वक़्त
कभी गुम सा क्यों
नज़र आए ये वक़्त

कभी गुफ़्तगू का सिलसिला
नज़र आए ये वक़्त
कभी खामोशी का फ़ासला
नज़र आए ये वक़्त
कभी गुम सा क्यों
नज़र आए ये वक़्त

कभी जीने की कड़ी
नज़र आए ये वक़्त
कभी साँसों की घड़ी
नज़र आए ये वक़्त
कभी गुम सा क्यों
नज़र आए ये वक़्त

कभी बुलावे की आस
नज़र आए ये वक़्त
कभी ज़िंदगी के पास
नज़र आए ये वक़्त
कभी गुम सा क्यों
नज़र आए ये वक़्त

गुम सा वक़्त गुमसुम क्यों करे
यूँ करे
मजबूर हो ग़मग़ीन हो जाएँ
दिखे ना जब ये वक़्त
गुम सा वक़्त गुमसुम क्यों करे
यूँ ना करे
मग़रूर[1] हो मुतमईन[2] हो जाएँ
दिखे जब ये वक़्त

मुझे मेरा वो
गुम सा वक़्त लौटा दो
मुझे इस गुमसुम से
वक़्त के बाज़ार से निजात[3] दिला दो
मुझे उस "रेशमी सिहरन" से
वक़्त के इख़्तियार[4] की सौगात[5] दिला दो।।

---

1. मग़रूर – घमंडी, अहंकारी 2. मुतमईन – बेफ़िक्र, संतुष्ट 3. निजात – छुटकारा, मुक्ति 4. इख़्तियार – अधिकार 5. सौगात – उपहार, तोहफा

मेरी काव्यों की श्रृंखला में
कई और नाजुक फूल

10. चाँदनी रात का चाँद

सदियों पुराना एक किस्सा कहती हूँ
चाँदनी मुस्कुराती हुई
वजह चाँद को ठहराती
चाँदनी झिलमिलाती हुई
सबब[1] रात को सौंपती...

रात अपने चाँद को
चाँदनी बाहों में समेटे
मानो सहर को रोके जा रही हो

कौन किसका हाथ थामे हुए
कौन किसको सहारा दिये हुए
रात ने चाँद के चेहरे को
अपनी हथेलियों की सरगोशियों[2] में बांधा
चाँद ने रात की पीठ को
अपनी हथेलियों की खामोशियों से मोहा

कौन किसको नशेमन चाँदनी में डुबोए
कौन किसकी अंतर्मन चाँदनी में डूबे
हिज्र के आईने पर झिल्ली चाँदनी ने
धीमे से अपनी पलकें खोली

चाँद और रात जानेमन बन
कोरे अधूरे से संग टहल चले

"रेशमी सिहरती" चाँदनी रात की ओर।।

---

1. सबब – कारण, साधन 2. सरगोशियों – चुपके–चुपके बातें करना

11. वो क्या है आप में!

वो क्या है आपमें
जो हर बार मुझे
जीत लेते हैं आप

मुझे
मुझसे ही छीन हरा देते हैं
मुझे
मेरी ही नज़रों में झुका देते हैं
मुझे
मुझसे ही मुकम्मल रूबरू करा देते हैं
मुझे
मेरी ही मुस्कुराहट झलका देते हैं
मुझे
मुझसे ही लम्हा–लम्हा बातें करवा देते हैं
मुझे
मेरी ही काली धुँध से खींच लेते हैं
मुझे
मुझसे ही शृंगार सजीला बनवा लेते हैं

वो क्या हैं आपमें
जो हर बार मुझे
ख़ुद में डुबा घुला लेते हैं आप

आप
आपके पाँवों की आहट से
ख़ामोश सी चहक उठती हूँ
आप
आपकी हथेलियों की लकीरों में
मेहँदी सी हरी–भरी रम जाती हूँ
आप
आपकी ख़ुशबू से महकती
झिलमिला चमक उठती हूँ
आप
आपकी आवाज़ की गूँज से
बुने ख़्वाबों में विलीन हो जाती हूँ
आप
आपकी नम मुलायम नज़रों से
शरमा–पिघल समर्पित हो जाती हूँ
आप
आपकी महीन रेशे सी सोच से
दिल की गहराइयों में तर जाती हूँ
आप
आपके अनकहे अदृश्य "रेशमी" साथ से
"सिहरती" खिंची–दौड़ी चली आती हूँ।।

12. नया साल... जज़्बों की लहर

लम्हा–लम्हा वक़्त गुज़र जाएगा
हर साल एक नया साल आएगा

इस नए साल में हम माँगते हैं ये दुआ
खुशियाँ आपके दामन से कभी ना हों जुदा

ख़ुदा की रहमतों में कभी कमी ना आए
आपके होंठों की ये मुस्कुराहट कभी ना जाए

एक ख़ूबसूरती, एक ताज़गी
एक ख़्वाब, एक सच्चाई
एक तसव्वुर[1], एक ऐतबार
और एक "सिहरता रेशमी" अंगार
एक आस बनी रहे क़यामत
दुआएँ बनी रहें इनायत

इन लफ़्ज़ों की कुर्बत[2] में
आपको नया साल मुबारक हो।।

---

1. तस्व्वुर – ख़्याल, कल्पना 2. कुर्बत – नज़दीकी, निकटता

13. मेरा आँगन

मेरे ही आँगन में
वो मुझ जैसा ही कौन

बैठती हूँ बेसब्र दीदार को
कभी तो मेरे दरवाज़े की चौखट पर
वो एक गूँजती नायाब आहट होगी

मेरा आइना
उनकी ही तश्कील[1] करी
मेरी ही रंगीन परछाई
मुझे ही तोहफ़े में पेश करे

वो कौन है
मेरा आइना या मैं
उनकी ही नक्काशीदार तराशी हुई
उनका ही जिंदादिल साया

मेरे ही आँगन में
वो मुझ जैसा ही कौन

बैठती हूँ बेबस शब–ए–इंतिज़ार[2] को
कभी तो मेरे दरीचे[3] की चौखट पर
वो एक गूँजती "रेशमी सिहरन" होगी।।

---

1. तश्कील – निर्माण, आकार देना 2. शब–ए–इंतिज़ार – वो रात जो किसी की झलक में कटे 3. दरीचे – खिड़की

14. दर्द की दहलीज़

पुरानी सी एक मैली चादर
सिमटाए सीने में अनगिनत गागर
छलकाती फूलों के शरबती सागर
दर्द की रंगीन रेशेदार आहटों में बंधी
दर्द के मौसमों में कहीं उधड़ी–कहीं छीली संधि
दर्द की साकित[1] सदियों में भीगी प्रतिबंधी[2]
दर्द की खुली सिलाई के निशां में निर्बंधी[3]

पुरानी सी एक मैली चादर
सुरमयी थरथराती सर्द पलकें मूँदें सोची
मुझसे बेहतर दर्द की सियाह काया से कौन गुज़रे
मेरी सिलवटों के सुनहरे सौंधे आँगन में फ़ैली
नर्म सरसराती बुझी मिलन की आरजू
मेरे साये की तेरहन[4] सिरहाने में औंधी एक तस्वीर
ज़र्द सिमटे हिस्सों में बँटी जीने की जुस्तजू

पुरानी सी एक मैली चादर
अपने बेजुबां बिस्तर की तिश्नगी[5] में दफ़्न
तकती साकिन[6] छत का सराब[7] आईना
निशब्द दर्द भरे केसरिया सन्नाटे में मुसलसल[8] बिछी
सुस्त हवा के सिफ़र[9] लम्हों की शाख में
दीवारों के इज़्तिरार[10] अफ़साने कैद करती
झरोखों से मर्म[11] चाँद को मुंतज़िर[12] चाँदनी में पिरोती

शायद यही "रेशमी सिहरन"...
दर्द की दहलीज़।।

---

1. साकित – चुप, मौन 2. प्रतिबंधी – बाधाओं से ग्रस्त 3. निर्बंधी – बिना बंधन के 4. तेरहन – धुंधली 5. तिश्नगी – प्यास, तमन्ना 6. साकिन – ठहरा हुआ, बरकरार 7. सराब – मृगतृष्णा, भ्रम 8. मुसलसल – लगातार 9. सिफ़र – शून्य, रिक्त 10. इज़्तिरार – उत्सुकता, बेबसी 11. मर्म – रहस्य, भेद 12. मुंतज़िर – प्रतीक्षार्थी

15. ख़ामोशी अल्फ़ाज़ों की

यूँ तो अफ़सानो, ख़तों, किताबों का
क्या ही रुतबा और
क्या ही अहमियत
फ़कत[1] फिरे[2] ख़मदार[3] हर्फ़[4] ही तो हैं

चाहो तो
चलती–फिरती निगाहों से
रफ़ा–दफ़ा भी किए जा सकते हैं
चाहो तो
मन में पिरोए भी जा सकते हैं
रूह में बसाए भी जा सकते हैं

कभी किसी ने कहा था मुझसे
अल्फ़ाज़ तो कोरे अल्फ़ाज़ ही होते हैं
इनका क्या मोल
माना... हाँ माना
इनका क्या मोल

अल्फ़ाज़ ख़ुद ही चल पड़े
अपनी वृत्तांत की दशा समझाने
दो कायदों में तराशे गए हैं हम

एक
बोलते–सुनाते, लिखते–दिखाते
दूसरे
ख़ामोश सुनते, पढ़ते देखते

लिखित–कहित ही तो
बयान कर पाते हैं हम अल्फ़ाज़
क्या ख़ामोशी को
कोई रंगीन जीवंतता दे पाते हैं हम अल्फ़ाज़

देते हैं ना
तरंगों की अवकीर्ण[5] इन्द्रधनुषी सूरत
ना कोई दिखायी देती आकृति
ना कोई सुनायी देती जागृति
मात्र अनवरत[6] प्रवाह की "सिहरती" छुअन
मात्र अवरत[7] प्रवास की थिरकती अगन
यही बन पाते हैं हम अल्फ़ाज़

अनकहे अनदिखे
असरारे साए में साँचे हुए हम अल्फ़ाज़
रोशनदान की झिलमिलाती फैली
हल्की रोशनी की चादर ओढ़े
फिज़ा की तरंगों में तैरते हम अल्फ़ाज़

पूछते हैं ना
सवालिया निशां हम अल्फ़ाज़
अपनी ही ख़ामोशी से
कुछ तो क़ीमत गुलज़ार में
ख़ामोशी की रंज लिपटाए किसी कोने में
नम गीली मिट्‌टी को बख़्शो
गुम "सिहरती" सी बैठी
इनायतें[8] इन्तज़ार लिए
"रेशमी" सिरहाने की पनाह सिए तुम्हारी ख़ामोशी

क्या कुछ नहीं पूछते हैं हम अल्फ़ाज़
अपनी ओसों–अब्र[9] में रंगीं छुपी
अपनी ख़ामोशी से
अपनी कद्र तज्जिया–ए–नफ़्सी[10] ख़ातिर

यही मेरे "रेशमी सिहरते" अफ़साने का
अगला सतरंगी पड़ाव रहेगा
ठहर कर राह तय करेगा
एक बेमिसाल हसीन मोड़
अल्फ़ाज़ों और उनकी ख़ामोशी का।।

---

1. फ़क़त – केवल, मात्र 2. फिरे – फिर भी 3. ख़मदार – झुके हुए, टेढ़े–मेढ़े 4. हर्फ़ – अक्षर 5. अवकीर्ण – फैलाया हुआ 6. अनवरत – लगातार 7. अवरत – रुका हुआ 8. इनायतें – उपकार, कृपा 9. अब्र – बादल 10. तज्जिया–ए–नफ़्सी – आपाधापी, अपनी–अपनी

16. वो पूछते हैं

वो पूछते हैं
हाथ थामोगी ना
मैं कमबख़्त सोचती हूँ
साथ आम है क्या

वो पूछते हैं
नाराज़ हो ना
मैं कमबख़्त सोचती हूँ
गुस्ताख़ हूँ क्या

वो पूछते हैं
मोहब्बत हूँ ना
मैं कमबख़्त सोचती हूँ
नाक़ाबिले मोहब्बत हो क्या

वो पूछते हैं
अमानत हो ना
मैं कमबख़्त सोचती हूँ
ज़मानत हो क्या

वो पूछते हैं
याद रखोगी ना
मैं कमबख़्त सोचती हूँ
भूल पाऊँगी क्या

वो पूछते हैं
साँस हूँ ना
मैं कमबख़्त सोचती हूँ
कुरबते एहसास हो क्या

वो पूछते हैं
सुकून हूँ ना
मैं कमबख़्त सोचती हूँ
जुनून हो क्या

वो पूछते हैं
हक हूँ तुम्हारा ना
मैं कमबख़्त सोचती हूँ
शक़ है तुम्हें क्या

वो पूछते हैं
जिंदगी बुलाओगी ना
मैं कमबख़्त सोचती हूँ
बंदगी में तरसाओगे क्या

वो पूछते हैं
जान बनाओगी ना
मैं कमबख़्त सोचती हूँ
जानेमन... जाने जहाँ बन गए क्या

वो पूछते हैं
जा सकोगी कहाँ
मैं कमबख़्त सोचती हूँ
पा चुकी हूँ जहाँ।।

17. रासिख़ मूरत

पैमानों में फुरसत
जब मिली ज़िंदगी से
तब रूबरू[1] हुई मैं आपसे
क्या नहीं पाया आपमें
क्या नहीं मिला आपमें

आज आपसे ही आपको
मिलवाने की "सिहरती" जुस्तजू[2] में
मैं
खुद को ही तलाशती हूँ
आपमें

बयां कर रही हूँ
अपने "रेशमी" कुर्बते[3] एहसास
आपकी नूरानी इनायत[4] खुद में समाए

हर ज़र्रा मेरा आपके लिए
वज़ाहतें⁵ काबिल शबनमी नज़ाकत
मैं तर रुहानी जिए जा रही

ये तोहफ़ा मेरा आपके लिए
खुद को हासिल कर लिया मैंने
आपको कुछ इस नज़र से देख

हर ख़त मेरा आपके लिए
अपने वजूद में तराश कर
आपको सुर्ख़⁶ आगोश में लिपटा कर।।

रासिख़ – स्थिर, मज़बूत 1. रूबरू – समक्ष, सामने 2. जुस्तजू – तलाश, इच्छा 3. कुर्बते – नज़दीकी 4. इनायत – कृपा, अनुग्रह 5. वज़ाहतें – खोलकर बयां करना 6. सुर्ख़ – लाल रंग

18. तकना

रोजाना की तरह
आज सवेरे भी फिर एक
मख़मली सहर का आगाज़ हुआ

फ़क़त फ़र्क सिर्फ इतना है
शफ़क़[1]–ए–सहर अपनी नर्म मलमली
बाँहों की आग़ोश में
अब्र–ए–तीरा[2] के प्रेमालिंगन को
लिपटाए सँग ले आया
अपनी तकती–दरारी–तपती जमीं की ओर

उन्हीं
मुलायम सहर–स्याह काली घटाओं–मुंतज़िर[3] जमीं
की
दास्तां–ए–उल्फत[4] इज़हार[5] करती हूँ

सहर और ज़मीं की
कंज़–ए–मख़्फ़ी[6] सी आँख–मिचौली
जाने किस गुज़रे ज़माने से
गुमनामे–बेख़बर टहली आ रही है

वो गुज़रा ज़माना जो
वक़्त की रवानी[7] लहरों में तब्दील
वो वक़्त जो
कभी ना ठहरा
अब जो ठहरा
गुज़रा ज़माना सरासर साथ ले आया

सहर और ज़मीं का
ख़ामोश सा अफ़साना
सहमा सुलगता हुआ
मदहोश सा बहकाना
वो सहमी सुलगन जो
अनचाही कशमकश में घुली
प्यासी राह तय कर सताती
वो कशमकश जो
दिल की देहरी[8] को भीगाती

अब जो सावन सी ठहरी
बंद पलकों में चाँदनी तैरी

सहर और ज़मीं की
सदियों पुरानी रूहानी छुअन
बहलाती कतराती सी
बिखरी अजल[9] की अगन

वो बहलाती करतन जो
दर्द की कराहटों को छील सरगम बने
वो कराहटें जो
खुशबू के आवेगों[10] में मिल मरहम बने

अब जो सोहबत[11] सिंची
जन्मों की मुहब्बत उधार बिछी

दूरियों के दरमियां तकते ढल गए
सहर अपनी ज़मीं को
ज़मीं अपने सहर को
अब्र–ए–तीरा के प्रेमालिंगन
अपने स्याह रंग के लिबास में बरसो

दूरियों के दरमियां तकते कह गए
सहर अपनी ज़मीं से
ज़मीं अपने सहर से
अब्र–ए–तीरा के प्रेमालिंगन
अपनी "रेशमी सिहरन" के लम्स में तरसो।।

---

1. शफ़क़ – क्षितिज की लालिमा, सुरख़ी 2. अब्र–ए–तीरा – स्याह रंग के बादल, काली घटा 3. मुंतज़िर – प्रतीक्षक 4. उल्फ़त – प्रेम 5. इज़हार – प्रकट करना 6. कंज़–ए–मख़्फ़ी – ज़मीन के भीतर दबा हुआ खज़ाना 7. रवानी – प्रवाह, बहाव 8. देहरी – दहलीज़ 9. अज़ल – समय जिसकी शुरुआत न हो, अनादिकाल 10. आवेगों – ज़ोश, ज़ोर 11. सोहबत – संगत

आइए
मौसिक़ी की एक सैर पर
हमदम हो चलिए
कुछ देर ही सही
हमसफ़र हो चलिए

19. कभी नहीं... छोड़ोगी ना मुझे

सुनिए
मेरी आदत के अनुसार
आप जो भी कहते हैं ना
सुन समेट ज़रूर लेती हूँ
बनाए उसे
हमारे सीरत के अभिसार[1]

वक़्त की बहती रेत संग
इत्मीनान सोची सी बैठी
अपनी पसंदीदा जामुनी स्याही
उड़ेलने का आगाज़ करी
अपने एकांत मुस्कुराते मन
के मटमैले कोरे पन्नों पर

आपके हर शब्द का विश्लेषण[2]
आपके हर निशब्द का अन्वेषण[3]

एक मुखड़ा सदा ला खड़ा कर देते हैं
आप हमारे समक्ष
कभी नहीं छोड़ोगी ना मुझे

इसी मुखड़े पर अपनी प्रवाही भावनाएँ
आतुरता से व्यक्त करना चाहूँगी
शीर्षक भी यही रखना चाहूँगी

कभी नहीं छोड़ोगी ना मुझे
रहस्यमयी तरबतर भिगोये असमंजस
"रेशमी" आस के पिघलते धुँधले मोम दीये
"सिहरती" प्यास की टिमटिमाती ख़ामोश लौ

यूँ तो ये सवाल
मुझे मेरा सा ज़्यादा लगे
मुझे मेरी हथेलियों की सजीली थाल में
लकीरों की बंदिश में नज़ाकत से सिमटा
कुछ अपना सा लगे

कभी नहीं छोड़ेंगे ना मुझे

यूँ तो ये सवाल
मुझे मेरा सा ज़्यादा लगे
मुझे मेरी बाँहों के नूरानी[4] इज़्तिरार[5] थामे
हिफ़ाज़ती साये में शिद्दत से लिपटाए
कुछ अपना सा लगे

कभी नहीं छोड़ेंगे ना मुझे।।

---

1. अभिसार – साधन, बल 2. विश्लेषण – छानबीन 3. अन्वेषण – खोज, ढूँढना 4. नूरानी – उज्जवल 5. इज़्तिरार – उत्सुकता, बेचैनी

20. सफ़ेद कमीज़

अपने हाथों में
कस के थामी हुई
नज़रों में समायी हुई
एक उतारी सिलवटों से हरी-भरी
महकनुमा सफ़ेद कमीज़ खारी

तर दर तर उस सफ़ेद कमीज़ की
बुनाई खोलने पर
कितने ही "रेशमी" सैलाब
सिमटाए सतरंगी धागों के सराब[1]
गुज़रे कुछ वक़्त की क़ालीन पर
आड़े-तिरछे बिखरे बिछे मिलेंगे

ये सफ़ेद कमीज़ भी कमाल
ठीक उस बहती नदिया किनारे समान
है उनकी, पहनते वो हैं, महकाते वो हैं

उस सफ़ेद कमीज़ की
"रेशमी" सुलझी बुनाई बेमिसाल
उलझे लिपटे बातें करते
"सिहरते" धागों की सिलाई निहाल[2]
ठीक उस बहती नदिया धार समान
जो उस सफ़ेद कमीज़ के होने से है।।

---

1. सराब – मृगतृष्णा, भ्रम 2. निहाल – संतुष्ट, खुश

21. अनुभव

मेरी जाँ
मुझे जाँ ना कहो मेरी जाँ
मेरी जाँ, मेरी जाँ

इस गाने को सुना ही नहीं
पढ़ महसूस भी किया

मैंने कुछ ऐसा सुना
सन्नाटे की गूँज में
मैंने कुछ ऐसा बाँधा
आँचल की छाँव में

अनुभव अनुभव अनुभव
खूबसूरत लफ़्ज़
ग़र उल्टा भी पढ़ा जाए
उतना ही गहरा धँसे
रोम–रोम अंतर्मन सजाए

अनु + भव = अनुभव
उल्टी ओर संजोए तो
भव + अनु = भावनाओं का अनुवाद

अनु और भव की "रेशमी" कश्मकश
भव और अनु की "सिहरती" दास्तां
घर कर गयी ज़हन की तह तक

मैं अनु तो आप मेरे भव
आप अनुवाद तो मैं आपकी भावना

आप दरख़्तों का अनुवाद करिए
मैं उनकी सरसराहट में
आपकी भावना थाम लूँगी

आप फूलों का अनुवाद करिए
मैं उनकी खुशबू में
आपकी भावना जान लूँगी

आप ख़ामोशी के समंदर का अनुवाद करिए
मैं उनकी चुप्पी में डूब
आपके लफ़्ज़ों की भावना छान लूँगी।।

22. अनोखी बंदिश

कहती है मेरा कोई ख़िताब नहीं
क्या से क्या हो गयी
खुद ही खुद से जुदा हो गयी

कहती है मेरा कोई गुमान नहीं
औरों सा नहीं इश्क मेरा
पीर प्रीत जल बिन मछली बनूँ

कहती है मेरा कोई पता नहीं
प्रेम, प्यार, प्रीत, इश्क, मुहब्बत हूँ
गुफ़्तगू, तन्हाई, तकरार, इन्तज़ार, इज़हार में मिलूँ

कहती है मेरा कोई वक्त नहीं
अल्फ़ाज़ों की ख़नकती आवाज़ सी
सिरहानें बातों में ढलती शम्मा बनूँ

कहती है मेरा कोई साया नहीं
सीप की कैद में अंबिंधा[1] मोती बन
मैं तुम में दफ़न, तुम मुझमें ज़िन्दा

कहती है मेरा कोई ख़्वाब नहीं
टिमटिमाती लौ की ठहरन बन

तपने दो अपनी राहों में
धड़कती लौ की "रेशमी सिहरन" बन
पनपने दो अपनी निगाहों में।।

---

1. अंबिंधा – चारों ओर से घिरी

23. मुलाक़ात

इस मुलाक़ात
पर कुछ लिखने की तलब जगी
मुलाक़ात में मिलने वाले इंसान के लिए

पोशीदा[1] एक नाम दूँगी
मेरे जानेमन
रुहानी सी रुमानियत में
रोशनदान से सरकती तपिश में
कशिश भरे मन्द मुस्कुराते
मेरे जानेमन

आज उनसे मुलाक़ात हो गयी
अजनबी ये मख़लूखात[2] हो गयी

उनकी गली में गुज़रे वो चार पल
उनके शहर में टहलते हैं आजकल

थोड़ी देर हमें आज हो गयी
अजनबी ये मख़लूखात हो गयी

तन्हाई में उनसे "रेशमी" मुलाक़ात की
फ़रियाद तो कर सकती हूँ
वीराने को उनकी "सिहरती" मुलाक़ात से
आबाद तो कर सकती हूँ

हर लम्हा उन्हें मिल नहीं सकती
लेकिन
हर लम्हा उन्हें याद तो कर सकती हूँ।।

---

1. पोशीदा – छिपा हुआ, गुप्त 2. मख़लूखात – उत्पत्ति, रचना

24. रंगीन अब्र का फ़रेब

अपने कुछ महफूज़ लम्हें आपने छिड़के
मेरी कशमकश भरी ज़िन्दगी में
रंगीन अब्र[1] की छतरी खोल गए
गमगीन शामों–सहर की परतें मोल गए

अपने कुछ "रेशमी" अल्फ़ाज़ आपने छिड़के
कभी तानों में कैद कभी तारीफ़ों में रिहाई
रंगीन अब्र की कश्ती तैरा गए
नगीन[2] मुलाकातों की पतवार छोर पर छोड़ गए

अपने कुछ सीरतें अन्दाज़ आपने छिड़के
मेरे इज़हारे लबों ने दहलीज़ लाँघी
रंगीन अब्र ही रिहाइश[3] जोड़ गए
संगीन आँगन की फरमाइश "सिहरती" तोड़ गए।।

---

1. अब्र – बादल, घटा 2. नगीन – कीमती 3. रिहाइश – निवास स्थान, आवास

25. पैग़ाम

भुला ना पाओगे आरज़ू के पैग़ाम
हर आहट की दस्तक
मेरी परछाईं की धुंध उभारेगी
हर हवा का झोंका
मेरी साँसों का सैलाब महकाएगा

भुला ना पाओगे आरज़ू के पैग़ाम
दर्द को दफ़नाओगे
मेरे चेहरे से नजरों में तस्दीक़[1] मिलाओगे
फ़ासलों को नापोगे
मेरे ठहरे से अजर[2] में नज़दीकी सिमटाओगे

भुला ना पाओगे आरज़ू के पैग़ाम
चाहतों के शोर सँवारोगे
मेरी खुली गेसुओं का "रेशमी" सफ़र निहारोगे
राहतों के छोर छलकाओगे
मेरे छिले आँसुओं का "सिहरता" कर्फ़र[3] अनुहारोगे[4]।।

---

1. तस्दीक़ – सत्यता की गवाही देना 2. अजर – नाशरहित, ताकत
3. कर्फ़र – आईना 4. अनुहारोगे – तुल्य करना

26. कुछ तो बन जाइए

आप हमारी
भीगी ओस की शबनमी सर्द मेहर[1] बन जाइए
कुर्बत[2]–ए–एहसास की सुलगती लौ बन जाइए
तन्हा दिल की आवाज़–ए–आशना[3] बन जाइए

आप हमारी
अबसार[4] तले सँवरें जुनूनी ख़्वाब बन जाइए
पोशीदा[5] मरहम–ए–हमराज़ बन जाइए
नुक्ता–ए–नूर[6] जेवर सी ज़र्रे अमानत बन जाइए

आप हमारी

चश्म–बहर[7] दिलकश पहर बन जाइए

इमकान[8] की राह गुज़र बन जाइए

महरूम शजर[9] की हिफ़ाज़त–ए–छाल बन जाइए

आप हमारी

बेनसीब रूत का खुशबूदार सफ़रनामा बन जाइए

गुलज़ार के ज़ख़्मी फूलों का मुसव्विरी[10] लम्स[11] बन जाइए

इत्तेफ़ाक़न[12] मुलाक़ात का तजस्सुस[13] रंगीन क़ालीन बन जाइए

आप हमारी

हर्फ़–ए–तमन्ना[14] की मुश्ताक़[15] क़ायनात बन जाइए

वफ़ा की रक़्स[16]–ए–बेमिसाल बन जाइए

अरसों–ए–अलहदग़ी[17] का ख़ुलूस[18]–ए–अन्दाज़ बन जाइए

आप हमारी
थकन की दरिया का साहिल बन जाइए
अज़ाब[19] की रंग–ए–हिना बन जाइए
चन्द लम्हों की ख़्वाहिश–ए–वस्ल[20] बन जाइए

आप हमारी
"रेशमी सिहरन" ही बन जाइए।।

---

1. मेहर – प्रेम 2. कुर्बत – नज़दीकी 3. आशना – साथी, प्रेम 4. अबसार – आँखें 5. पोशिदा – गुप्त, छिपा हुआ 6. नुक्ता–ए–नूर – बिंदी के उजाले समान 7. चश्म–बहर – इंतिज़ार में बेक़रार 8. इमकान – संभावना, ताक़त 9. शजर – वृक्ष 10. मुसव्विरी – चित्रकार 11. लम्स – स्पर्श 12. इत्तेफ़ाक़न – अचानक 13. तजस्सुस – जिज्ञासा 14. हर्फ़–ए–तमन्ना – शब्द जो इच्छा व्यक्त करे 15. मुश्ताक़ – इच्छुक, अभिलाषी 16. रक़्स – नृत्य 17. अलहदग़ी – जुदाई 18. खुलूस – सच्चा लगाव, निःस्वार्थ 19. अज़ाब – तकलीफ़, पीड़ा 20. वस्ल – मुलाक़ात, संबंध

27. याद: जन्मों की

याद रखोगे ना ये सब कहा–सुना हमारा
याद रखोगे ना ये साथ बिताया वक़्त हमारा
तुम्हारा दिया–मेरा पाया

याद रखोगे ना ये बिछड़ी सी ज़िन्दगी हमारी
याद रखोगे ना ये उधड़ी सी बातें हमारी
तुम्हारे दिन–मेरी रातें

याद रखोगे ना ये मचलती रूठन हमारी
याद रखोगे ना ये रीसती रूसवाईयाँ हमारी
तुम्हारी कम–मेरी ज़्यादा

याद रखोगे ना ये दिलों का
मिलना, रोना, चुप्पी छुपाना
और फिर टूट कर बिखरना

याद रखोगे ना ये दिलों का
दरारों में जुड़े रहना

अनदेखा सा देखना
कभी बंद पलकों में समेटना
कभी बूँद–बूँद एकटक निहारना

अनसुना सा सुनना
कभी ख़तों में महकती मुलाकातें
कभी क़िताबों के प्यासे किनारे

अनकहा सा कहना
कभी कहते–कहते रुक जाना
कभी सब बेझिझक कहते जाना

याद रखोगे ना ये बरसों मीलों की दूरी हमारी
याद रखोगे ना ये अचानक मिली नज़दीकी हमारी
तुम्हारी जितनी–मेरी उतनी

याद रखोगे ना वो औंधे बदकिस्मत से पाँच बरस
मिलाया, कम फासलों पर
लेकिन करीब नहीं लाया

याद रखोगे ना वो सौंधे किस्मत से साँच बरस
मिलाया, ज़्यादा फासलों पर
लेकिन करीब ही लाया

याद रखोगे ना ये तरसती नज़रों से
एक–दूसरे को निहारना
याद रखोगे ना ये बरसती कतरों में
एक–दूसरे को पुकारना
तुम्हारी प्यास–मेरी आस

मैं ना भूलूँगा
कभी नहीं भूलूँगा
कुछ भी ना भूलूँगा
याद रखूँगा–याद रहेगा... "मेरी अमानत"
याद रखूँगा–याद रहेगा... "हर एक तिल"
सब ऐसा ही चाहिए... इस जन्म में
अगले लाखों जन्मों में।

मैं ना भूलूँगी
कभी नहीं भूलूँगी
कुछ भी ना भूलूँगी
याद रखूँगी–याद रहेगा... "मेरी अमानत"
याद रखूँगी–याद रहेगा... "वो एक दिल"
सब ऐसा ही चाहिए... इस जन्म में
अगले लाखों जन्मों में।

याद रखोगे ना
ये "रेशमी सिहरता" जन्मों का तिश्नगी बंधन।।

www.ingramcontent.com/pod-product-compliance
Lightning Source LLC
LaVergne TN
LVHW061345080526
838199LV00094B/7374
* 9 7 8 9 3 5 8 1 9 5 3 4 7 *